Eva Rosenkranz

Der Mond
Schöner, stiller Gefährt' der Nacht

PRESTEL

Eva Rosenkranz

Im Zauberspiegel des Mondes

Mondmagie oder Mondkalender, *Peterchens Mondfahrt* oder die *Mondscheinsonate* – der Silberstreif des Mondes zieht sich durch die Geschichte der Menschheit. Wo Zeugnisse menschlicher Existenz überdauert haben, finden sich auch Hinweise auf den Mond. Fruchtbarkeit, Werden und Vergehen, Traum und Poesie sind untrennbar mit ihm verbunden.

Schon immer haben Menschen ehrfürchtig über den Mond und sein sich wandelndes Gesicht gestaunt. Mythen und Märchen erzählen Mondgeschichten. Frühe astronomische Aufzeichnungen dokumentieren Bewegung und Veränderung der leuchtenden Scheibe am Nachthimmel. Der Lauf des Mondes wurde im Rahmen religiöser Weltbilder gedeutet, und die Mondzyklen bildeten etwa im Zweistromland, in Ägypten oder bei den Maya die Grundlage für Kalender. Der Mond als Herr des Rhythmus' bot sich als Zeitgeber an – erst Julius Cäsar begründete 45 v. Chr. unseren mondfernen Kalender. Nur das Osterfest wird bis heute am ersten Sonntag nach dem ersten Vollmond nach Frühlingsanfang gefeiert.

In den magischen Ordnungen, den Welt(all)-Bildern der Menschen spielt der Mond eine wesentliche Rolle. Über Jahrtausende bewegte sie die Frage, die auch uns heute umtreibt: Woher kommen Mond, Sonne und Erde? Ist das, was wir am Himmel sehen, Ergebnis eines elementaren Feuersturms oder eines gewaltigen Götterkampfes? Oder ist es das Produkt einer Zufallslaune im Augenblick des Urknalls? Oder Teil eines göttlichen Plans, der mit

Vorhergehende Doppelseite

THOMAS ALEXANDER HARRISON, *Seestück im Mondschein*, 1892/93 den Worten begann »Es werde Licht«? Ob Mythos, Götterdrama oder Szenarien der modernen Astrophysik, sie alle verbindet das Eine: Sie spiegeln die menschliche Wirklichkeit als magische Ordnung am Himmel. Erst Kopernikus stellte die von Magie und Religion bestimmten Weltbilder auf die Füße wissenschaftlicher Beobachtung. Er zerstörte »den Glauben, dass die Erde der Mittelpunkt der Unendlichkeit sei. Er degradierte unseren Planeten zu einem jährlich 365 Pirouetten drehenden Tänzer. Zu einem mittelmäßigen Mitglied des Balletts um die Sonne«, wie Erich Kästner es so schön formulierte. Mit diesem neuen Weltbild versetzte er der Menschheit »den gewaltigsten Fußtritt«, den sie je bekommen hat. In der Folge überschlugen sich die Theorien über das Universum und damit auch über die Entstehung des Mondes. Und seitdem der Mensch den Fuß auf den etwa 400 000 Kilometer entfernten und mit 3476 Kilometer Durchmesser etwa ein Drittel der Erdgröße erreichenden Erdtrabanten gesetzt und sein Gestein untersucht hat, wissen wir, dass der Mond einst Teil der Erde war.

Vor etwa 4,6 Milliarden Jahren prallte die Erde mit einem Materiebrocken von etwa der Hälfte ihrer eigenen Größe zusammen. Die durch diese gewaltige Kollision in den Weltraum geschleuderte Materie bildete einen kugelförmigen Planeten, der sich zum Mond verfestigte. Seit ca. 3 Milliarden Jahren hat sich der Trabant nur wenig verändert und bewahrt damit Spuren aus der gemeinsamen

Besuch beim Mann im Mond, 1850

Kindheit von Erde und Mond. Der Erdenmond ist also ein kosmisches Geschichtsbuch unseres Sonnensystems.

Mondanbetung und Mondlegenden gehören zu den ältesten überlieferten Geschichten. Begreift man Mythen und Göttergeschichten als Erinnerungen aus der Kindheit des Menschen, erscheint der Mond als zentrales Symbol für Werden und Vergehen. Frühe Fundstücke verweisen zudem auf eine enge Verbindung zwischen Frau und Mond: Der weibliche Zyklus und die weibliche Fähigkeit, Leben zu gebären, spiegeln sich in den Mondphasen. In allen bezeugten Kulturen gibt es eine Große Göttin als erste Herrin des Himmels und der Erde. Sie wacht über Leben und Tod. Ihre Namen sind Gaia, Rgea, Kybele, Ishtar, Frya, Demeter, Nut. Sie ist die alles umspannende Göttin – Fruchtbarkeits- und Mondgöttin –, die in jedem Frühling mit neuen Kräften jungfräulich entsteht. Im Laufe der Geschichte verschob sich jedoch die Macht vom Mond zur Sonne, die von Frauen geprägten Gesellschaften wichen männlichen Herrschern. Das Mondbewusstsein, das Werden, Vergehen und Neubeginn als Einheit begriff, ging verloren. Mond und Sonne sind Widersacher, wie Frau und Mann. Doch die Träume von Zusammengehörigkeit blieben lebendig – im Mythos vom Himmelspaar Sonne und Mond. So verbringt die Mondgöttin Selene einmal im Monat die Nacht bei ihrem Gatten Helios, der Sonne. Aus vielen Kulturen sind erotische Geschichten von der mächtigen Verbindung zwischen Sonne und Mond überliefert.

Der Mond als Motiv in Musik, Poesie und Malerei ist allgegenwärtig. Von Beethovens *Mondscheinsonate* über Mozarts ›Königin der Nacht‹ in der *Zauberflöte* bis hin zum Einakter *Der Mond* von Carl Orff spannt sich der Bogen in der klassischen Musik. Mozarts Oper greift dabei im Kampf zwischen Sonne und Mond, Vernunft und Geheimnis auf den mythologischen Hintergrund im Verhältnis von Sonne und Mond zurück. Zu den berühmtesten Mondstücken der Pop- und Rockmusik gehört *The dark side of the moon* von Pink Floyd, mit mehr als 12 Millionen verkauften Platten weltweit einer der größten Hits der Musikgeschichte.

»Nach dem Mond greifen«

(sich einen Wunschtraum erfüllen)

Die Kunstgeschichte ist voll von Monden – von der Höhlenmalerei über Dürers *Madonna auf der Mondsichel* und die Malerei der Romantik bis zu Max Ernst, Paul Klee oder Marc Chagall. *Die Sternennacht* von Vincent van Gogh gehört zu den immer wieder reproduzierten Meisterwerken der Moderne. Heute weiß man, dass van Gogh astronomische Konstellationen des Sommers 1889 verarbeitet hat. Sein Mond ist ein Halbmond, der aber auch den Restmond erkennen lässt; er deutet also den Mond als Wandlungsgestirn. Auch in anderen Gemälden wird sichtbar, dass van Gogh nicht einfach Himmel als Hintergrund hintupfte, sondern Planetenkonstellationen berücksichtigte. Die romantische Hinwendung zur Natur, mit ihrer Wertschätzung des Mondes und allem Träumenden, allem Verschatteten spiegelt sich besonders in den Bildern von Caspar David Friedrich. Die Lichtzeichen seiner

Himmel sind in Beziehung gesetzt zum Wissen und Fühlen des Malenden und des Betrachters. Auch er verfügte über astronomisches Wissen und verarbeitete exakte Mondphasen in seinen Monddarstellungen.

Der Mythos wusste es, die moderne Astrophysik sagt es, Frühgeschichte bestätigt es, Poesie erzählt davon: Der Mond ist seit Beginn menschlicher Existenz mit dieser aufs Innigste verbunden. Erde und Mond sind Kinder einer kosmischen Katastrophe. Er ist der einzige Begleiter der Erde in den unbegreiflichen Weiten des Universums. Er beherrscht unseren Nachthimmel und erhellte in grauer Vorzeit das Dunkel, das Menschen ängstigte. Sein mild leuchtendes Gesicht ist für uns Menschen anschaubar. Er lässt uns träumend darin versinken. Wir können unsere Wünsche, unsere Angst, unsere Fragen auf ihn projizieren. Wir sehen in ihm Antworten, Hoffnung und Enttäuschung. Und sehen doch eigentlich uns: Der Mond ist unser Zauberspiegel.

ANGELO GRAF
VON COURTEN,
Die Nacht, 1900

Wie liegt im Mondenlichte

Begraben nun die Welt;

Wie selig ist der Friede,

Der sie umfangen hält!

Die Winde müssen schweigen,
So sanft ist dieser Schein;
Sie säuseln nur und weben
Und schlafen endlich ein.

THEODOR STORM (1817–1888)

VINCENT VAN GOGH, *Sternennacht*, 1889

Die Träumerei ist der Mondschein
des Gedankens.

JULES RENARD (1864–1910)

IWAN KONSTANTINOWITSCH AIWASOWSKI, *Segelschiff auf ruhiger See bei Mondlicht,* 1874

WASSILY KANDINSKY, *Die Nacht,* 1907. Aus dem Märchen *Die Schöne Wassilissa*

Der Mond ist aufgegangen

Seht ihr den Mond dort stehen?
Er ist nur halb zu sehen
Und ist doch rund und schön!
So sind wohl manche Sachen,
Die wir getrost belachen,
Weil unsre Augen sie nicht sehn.

MATTHIAS CLAUDIUS (1740–1815)

Vorhergehende Doppelseite FRIEDRICH SCHINKEL, Bühnenbild zur Oper *Die Zauberflöte* von Wolfgang Amadeus Mozart, Berlin 1816: Auftritt der Königin der Nacht (Detail)

Wie liegt im Mondenlichte
Begraben nun die Welt;
Wie selig ist der Friede,
Der sie umfangen hält!

Die Winde müssen schweigen,
So sanft ist dieser Schein;
Sie säuseln nur und weben
Und schlafen endlich ein.

THEODOR STORM (1817–1888)

Vorhergehende Doppelseite EDVARD MUNCH, *Tanz am Strand* (Detail), 1900–02
JOHANN CHRISTIAN CLAUSEN DAHL, *Fjordlandschaft bei Mondschein*, 1836

Dem aufgehenden Vollmonde

Willst du mich sogleich verlassen?
Warst im Augenblick so nah!
Dich umfinstern Wolkenmassen,
Und nun bist du gar nicht da.

JOHANN WOLFGANG VON GOETHE (1749–1832)

Kahnpartie bei Mondschein in japanischer Landschaft
Titelblatt des Notendrucks *Schimmernder Mond*, 1919

SCHIMMERNDER
MOND
Text und Musik von
Siegwart Ehrlich
OP. 73.
Pegasus-Theater u. Musik-Verlag
G.m.b.H. Berlin W.15
Generalvertrieb u. alleinige Auslieferung:
Robert Reibenstein
(Musik- u. Bühnenverlag)
Berlin-Lichterfelde West u. Berlin W.15
Joachimsthalerstr. 30.
Für Gesang u. Klavier M. 2,– no
„ Salon-Orchester „ 2,– no
und 50 % Teuerungszuschlag.

Liebesflüstern

Herz zum Herzen ist nicht weit
Unter lichten Sternen,
Und das Aug', vom Tau geweiht,
Blickt zu lieben Fernen;

Unterm Hufschlag klingt die Welt,
Und die Himmel schweigen,
Zwischen beiden mir gesellt,
Will der Mond sich zeigen.

ACHIM VON ARNIM (1781–1831)

ALFONS MUCHA, *Mondschein*, 1902

Guter Mond, du gehst so s t i l l e

In den Abend w o l k e n hin,

Bist so r u h i g , und ich f ü h l e,

Dass ich o h n e R u h e bin.

Traurig folgen meine B l i c k e

Deiner stillen, heitern Bahn.

O wie hart ist mein G e s c h i c k e ,

Dass ich dir nicht folgen kann!

VOLKSLIED

WINSLOW HOMER, *Sommernacht,* 1890

f e r n e

Es dreht sich oben, unzählig e n t f a c h t,
Melodischer Wandel der Sterne,
Mit ihnen der Mond in beruhigter Pracht,
Sie funkelten sacht,
In der Nacht, in der Nacht,
Durch täuschend entlegene F e r n e .

AUGUST VON PLATEN (1796–1835)

DONATO CRETI, *Der Mond,* aus der Serie der *Astronomischen Beobachtungen,* um 1700

Willkommen, o silberner Mond,

Schöner, stiller Gefährt der Nacht!

Du entfliehst?

Eile nicht, bleib, Gedankenfreund!

Sehet, er bleibt, das Gewölk wallte nur hin.

FRIEDRICH GOTTLIEB KLOPSTOCK (1724–1803)

MARC CHAGALL, *Ländliche Szene,* 1944

Füllest wieder's liebe Tal
Still mit Nebelglanz,
Lösest endlich auch einmal
Meine Seele ganz;

Breitest über mein Gefild
Lindernd deinen Blick,
Wie des Freundes Auge mild
Über mein Geschick.

JOHANN WOLFGANG VON GOETHE (1749–1832)

JOHANN WOLFGANG VON GOETHE, *Vollmondnacht im thüringischen Gebirge*, 1800

Der Mond ist aufgegangen,

Die goldnen Sternlein prangen

Am Himmel hell und klar;

Der Wald steht schwarz und schweiget,

Und aus den Wiesen steiget

Der weiße Nebel wunderbar.

MATTHIAS CLAUDIUS (1740–1815)

HENRI ROUSSEAU, *Ein Karnevalsabend,* 1885

Wiegenlied

So schlafe nun, du Kleine!
Was weinest du?
Sanft ist im Mondenscheine
Und süß die Ruh.

Auch kommt der Schlaf geschwinder
Und sonder Müh;
Der Mond freut sich der Kinder
Und liebet sie.

MATTHIAS CLAUDIUS (1740–1815)

Vorhergehende Doppelseite
CASPAR DAVID FRIEDRICH, *Zwei Männer in Betrachtung des Mondes*, 1819/20

44 | 45

Cyrano reitet auf dem Mond (Detail). Illustration zu *Die wunderbaren Abenteuer des Cyrano de Bergerac*, 1900

O, Mond

Bist keine Sonne, die entzückt und blendet,
In Feuerströmen lebt, im Blute endet –
Bist was dem kranken Sänger sein Gedicht,
Ein fremdes, aber o! ein mildes
Licht.

ANNETTE VON DROSTE-HÜLSHOFF (1797–1848)

Folgende Doppelseite WILLIAM TURNER, *Mondschein über dem Vierwaldstätter See vor der Kulisse des Rigi*, um 1841/44

ADAM ELSHEIMER, *Die Flucht nach Ägypten*, 1609

Für Spaziergänger,
die sich gelegentlich einmal
bei einem Nachtspaziergang
vor ihm verbeugen,
hat der Mond nicht viel übrig.
Den Mondträumern aber
gibt er sich ganz hin.
Für sie überbietet er sich
an Süße und Silber.
Mit Mondträumern ist der Mond
immer bereit
zu spielen und zu spaßen.
Mit ihnen hext er auch gern,
lässt Monumente niesen,
was steinern ist fließen,
heizt mit Schneemännern ein.

HANS ARP (1887–1966)

MARC CHAGALL, *Zwei streitende Männer im Schnee bei Vollmond* (Detail), um 1911

An den Mond

Nacht liegt auf
den fremden Wegen,
Krankes Herz und
müde Glieder;
Ach, da fließt wie
stiller Segen,
Süßer Mond, dein Licht
hernieder.

HEINRICH HEINE (1797–1856)

IWAN JAKOWLEWITSCH BILIBIN, Illustration zum *Märchen vom Zaren Saltan* von Alexander Puschkin, 1905

Sieh, dort kömmt der sanfte Freund gegangen
Leise, um die Menschen nicht zu wecken;
Kleine Wölkchen küssen
ihm die Wangen,
Und die schwarze Nacht muss sich verstecken.

CLEMENS VON BRENTANO (1778–1842)

Vorhergehende Doppelseite
FERDINAND LOYEN DU PUIGAUDEAU, *Der Markusplatz in Venedig bei Nacht,* 1900

CASPAR DAVID FRIEDRICH, *Nordische See im Mondlicht*, um 1823

Umschlag-Vorderseite: Adam Elsheimer, *Die Flucht nach Ägypten* (Detail), siehe S. 49
Vorsatz: Henri Rousseau, *Exotische Landschaft mit Tigern und Jägern,* 1907
rechts: Erich Heckel, *Landschaft mit Mond* (Detail), 1903
Umschlag-Rückseite: Vincent van Gogh, *Sternennacht,* siehe S. 13

Abbildungsnachweis
akg-images: Vorsatz vorne u. hinten, 2/3, 6/7, 9, 16/17, 18, 23, 24/25 u. 27, 28, 34/35 u. 37, 38, 41, 45, 50/51, 55, 56/57;
akg-images (Erich Lessing): 20/21, 59;
Sotheby's/akg-images: 15
Artothek: 42/43; Artothek (Blauel/Gnamm): Umschlag-Vorderseite, auch 4, 46/47 u. 49;
Artothek (Hans Hinz): 10/11, auch 13 und Umschlag-Rückseite, 52
RMN (H. Lewandowski): 31
Scala: 32

Die Deutsche Bibliothek verzeichnet diese Publikation in der Deutschen Nationalbibliografie; detaillierte bibliografische Daten sind im Internet über http://dnb.ddb.de abrufbar.

Idee und Konzeption dieses Bandes:
Gabriele Ebbecke

Prestel Verlag
Königinstraße 9
80539 München
Tel. 089/38 17 09-0
Fax 089/38 17 09-35
www.prestel.de

Text- und Bildauswahl, Lektorat:
Gabriele Ebbecke
Gestaltung: Saskia Helena Kruse, München
Reproduktionen: Repro Ludwig, Zell am See
Druck und Bindung: Print Consult, München

Gedruckt auf chlorfrei gebleichtem Papier
Printed in Slovakia

ISBN 3-7913-3292-9